SCULPTURES

EN PIERRE ET MARBRE

Bronzes

MEUBLES & SIÈGES

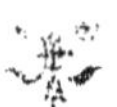

CATALOGUE

DES

SCULPTURES

EN PIERRE, MARBRE ET BOIS

DES XVIIᵉ ET XVIIIᵉ SIÈCLES

Bronzes — Terres cuites — Faïences italiennes — Objets variés

MEUBLES ET SIÈGES

Le tout appartenant à M. B...

Et dont la Vente aux Enchères publiques aura lieu

HOTEL DROUOT, SALLE Nº 1

LE LUNDI 10 AVRIL 1911

A TROIS HEURES

COMMISSAIRE-PRISEUR
Mᵉ ANDRÉ COUTURIER
Successeur de M. Léon TUAL
56, rue de la Victoire

EXPERT
M. GEORGES GUILLAUME
13, rue d'Aumale
PARIS

EXPOSITION PUBLIQUE

Le Dimanche 9 Avril 1911, de 2 h. à 6 heures

CONDITIONS DE LA VENTE

Elle sera faite au comptant.

Les adjudicataires paieront *dix pour cent* en sus des enchères.

L'exposition mettant le public à même de se rendre compte de l'état et de la nature des objets, aucune réclamation ne sera admise une fois l'adjudication prononcée.

Paris. — Imp. de l'Art, Ch. Berger, 41, rue de la Victoire.

DÉSIGNATION

SCULPTURES

PIERRES, MARBRES, BOIS

1 — Deux Amours en pierre sculptée, avec l'arc et le carquois. XVIIIe siècle.

2 — Deux sphynx en pierre sculptée. Époque Régence.

3 — Statue, grandeur nature, en pierre sculptée, de femme portant des fleurs. XVIIIe siècle.

4 — Autre statue : Femme drapée. XVIIIe siècle.

5 — Statuette en pierre sculptée de femme drapée à mi-taille et portant des fleurs. Époque Louis XIV.

6 — Statuette d'Apollon, grandeur demi-nature, en pierre sculptée. Époque Louis XIV.

7 — Buste, plus grand que nature, de César, en
marbres vert et blanc, sur piédouche en marbre
et socle carré en pierre. xviie siècle.

8 — Groupe d'enfants bacchants en marbre blanc,
sur base à moulures.

9 — Deux lions marchant, en marbre, sur socles
en pierre.

10 — Vasque circulaire en marbre blanc.

11 — Deux vases de faîte en pierre sculptée, à têtes
de béliers; xviiie siècle.

12 — Deux grands vases ovales en pierre sculptée,
à guirlandes de fleurs, entrelacs de rubans et
flanqués de têtes de béliers. Époque Louis XVI.

13 — Grand vase circulaire en pierre sculptée, à
têtes de boucs, cannelures, fleurs et pommes de
pins. Époque Louis XVI.

14 — Deux grands vases Louis XIV en pierre
sculptée, à mascarons et guirlandes de fleurs;
couvercles en terre cuite à pommes de pins
(rapportés).

15 — Deux grandes vasques en pierre sculptée, à
mufles de lions et draperies.

16 — Grande corbeille de fleurs en pierre sculptée.
xviiie siècle.

17 — Deux autres plus petits. Même époque.

18 — Quatre socles ronds en pierre sculptée, à mascarons et attributs.

19 — Deux socles carrés en pierre sculptée; profils
à moulures mouvementées. Époque Louis XIV.

20 — Quatre socles carrés en pierre sculptée, à
nœuds de rubans. Époque Louis XIV.

21 — Quatre socles carrés en pierre sculptée, à
mascarons, chutes de fleurs, torches et nœuds
de rubans. Époque Louis XIV.

22 — Deux grands socles en pierre sculptée à
moulures et mascarons.

23 — Deux grands socles rectangulaires en pierre
sculptée (reproduction d'ancien).

24 — Grand socle carré, à têtes de faunes, en pierre
sculptée (reproduction d'ancien).

25 — Gaine en pierre sculptée, à mufles de lion et
chutes de fleurs. Époque Louis XIV.

26 — Paire de porte-cierges, à figurines d'anges courant, en bois sculpté et doré.

27 — Paire de petites torchères en bois sculpté et doré. Époque Louis XIV.

28 — Grande torchère en bois sculpté et doré, de même époque.

29 — Paire de consoles d'applique en bois partiellement doré, à mascarons d'amours et feuillage. Époque Renaissance.

30 — Console d'applique, formant encoignure, en bois sculpté, peint et doré. Époque Louis XV.

31 — Cadre doré, à coquilles, branchages et fleurs.

32 — Quatre baguettes de cadre Louis XIV en bois sculpté.

33 — Deux trumeaux en bois sculpté et laqué, à enroulement de rubans, surmontés de peintures à sujets allégoriques.

BRONZES, TERRES CUITES

34 — Deux statuettes d'hommes, grandeur demi-
nature, en bronze patiné : sujets mythologiques.

35 — Buste de jeune garçon en bronze patiné.

36 — Buste, en bronze, de jeune fille en corsage
décolleté. Style Renaissance.

37 — Grande pendule en marqueterie de cuivre sur
écaille, ornée de bronzes ciselés à sujets de
chevaux et char triomphal, et surmontée d'une
statuette de Minerve. Style Louis XIV.

38 — Pendulette de bureau en bronze ciselé et
doré ; cadran posant sur fût à cannelures, sur-
monté d'un vase et accosté d'un mappemonde.
Époque Louis XVI.

39 — Paire de flambeaux à deux lumières en bronze
argenté. Style Louis XV.

40 — Coupe en bronze ciselé ; couvercle à tête de
femme.

41 — Pendule en ancienne terre cuite, présentant
une Diane assise sur un roc et contemplant une
chasse au cerf.

42 — Lion hurlant, en terre cuite, sur socle rectangulaire en marbre.

43 — Petit groupe en ancienne terre cuite : Idylle. Signé : *Pœiffer*.

44 — Médaillon en terre cuite de Franklin, par *Nini*.

FAIENCES

OBJETS DIVERS

45 — Vase de pharmacie en ancienne faïence italienne, à décor en bleu de feuillage et d'inscriptions.

46 — Deux vases de pharmacie en ancienne faïence italienne, à décors en bleu d'arabesques et paysages.

47 — Autre vase couvert en ancienne faïence italienne.

48 — Deux vases de pharmacie en ancienne faïence italienne, à décors polychromes de bustes et de feuillages.

49 — ÉCOLE PRIMITIVE. Sainte-Philomène. Panneau. Cadre en chêne mouluré.

50 — Glace Louis XV, formant dessus de porte en bois sculpté et doré, à rocailles et motifs contournés.

51 — Dessus de porte, formé d'un fragment de balcon en fer forgé sur fond de glace. Époque Louis XIV.

52 — Glace à main ; cadre en bronze ciselé et doré à
palmes et aigle.

53 — Jardinière en argent finement ciselé, présentant des figures variées, cariatides de dieux ma-
rins et tritons, et ornée d'un blason fleurdelysé.

54 — Lame d'épée Louis XIV, damasquinée et partiellement dorée.

55 — Plaque de cheminée en fonte, à cariatide de
femme dans des rocailles. Époque Régence.

56 — Ancien étui de tasse en cuir gauffré, à do-
rures.

57 — Compotier couvert en cristal taillé.

58 — Quatre grandes plaquettes en cristal de roche.
(Vente Double.)

59 — Petit médaillon encadré en biscuit de Wed-
gwood : Femme et amour.

60 — Bandeau de tapisserie au point à lambrequins
et ramages sur fond marron.

MEUBLES ET SIÈGES

61 — Grand bureau à cylindre en acajou moucheté,
orné de bronzes ciselés et dorés, à cannelures,
feuillage et encadrements et flanqué de candé-
labres mouvementés à deux lumières; il est couvert d'un marbre brèche à galerie.

62 — Petite commode à face mouvementée en bois
de placage, ornée de poignées en bronze. Époque
Régence.

63 — Console en bois sculpté et doré, posant sur
trois pieds cannelés à griffes et couvert d'un
marbre jaune. Époque Louis XIV.

64 — Console en bois sculpté et doré, à rocailles,
couverte d'un marbre blanc. Époque Louis XIV.

65 — Table à jeu en bois de citronnier fileté d'ama-
rante. Époque Louis XVI.

66 — Guéridon en bois sculpté, couvert d'un marbre.

67 — Grand fauteuil en noyer sculpté, à mascarons
et rinceaux de feuillages. Époque Louis XII.

68 — Fauteuil de bureau canné, à dossier arrondi et
pieds cannelés. Époque Louis XVI.

69 — Deux fauteuils en bois naturel sculpté, à fonds de canne et dossiers quadrillés. Style anglais.

70 — Quatre chaises Louis XIV en bois naturel sculpté, à moulures, couvertes en tapisserie au point, à fleurettes sur fond crème.

71 — Tabouret en bois sculpté et doré, à coquilles et rocailles, couvert de damas rouge. Époque Louis XIV.

72 — Objets omis.

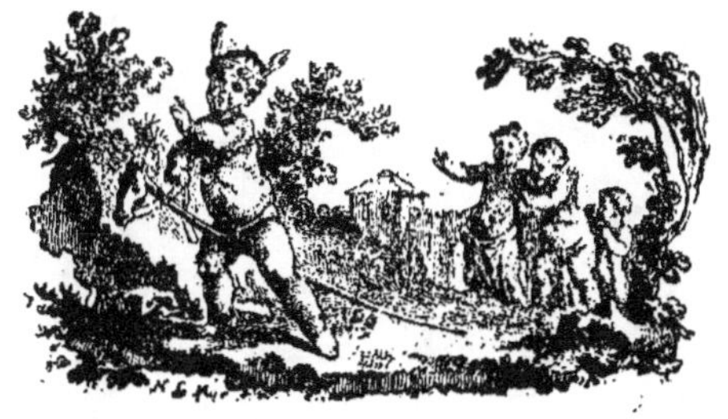